AF405942

* 9 7 8 9 6 5 9 2 8 6 7 8 2 *

"حبة الرمل هي لحظة من عملية الخلق، وأن الله قد كرّس ملايين وملايين السنين في خلقها"

الخيميائي، باولو كويلو

أمونيت

مخلوق بحري انقرض منذ زمن بعيد

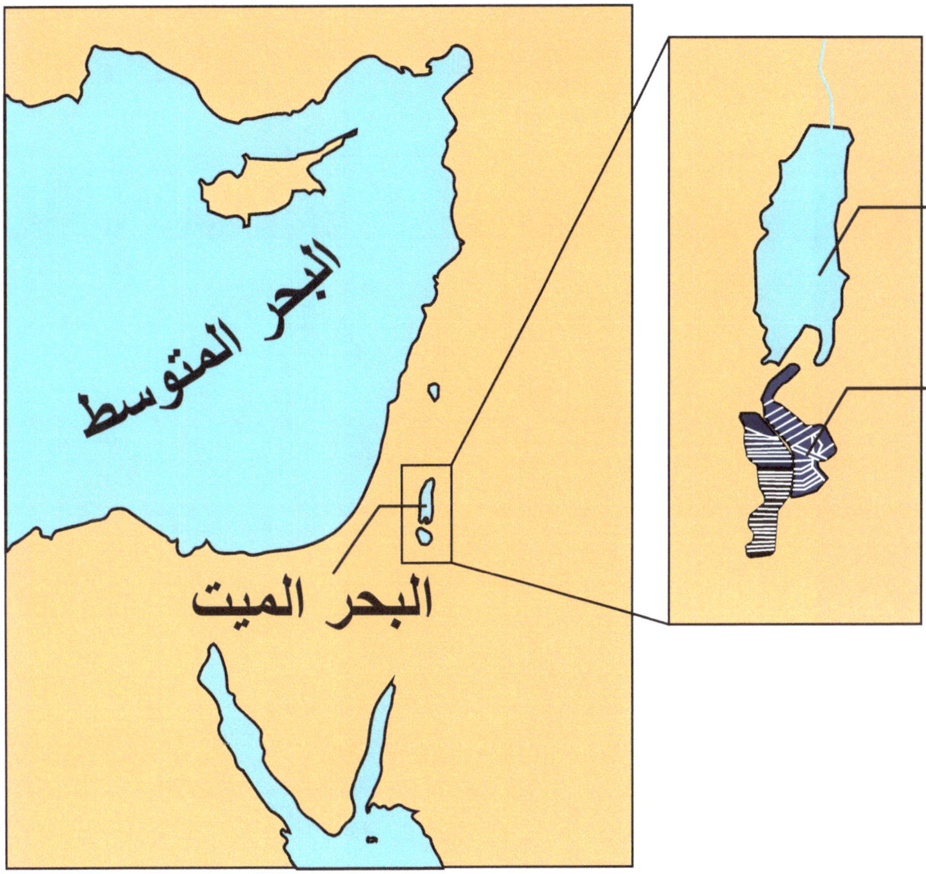

البحر الميت

بحيرة مالحة بدون مخرج للمياه سوى عملية التبخر

ت

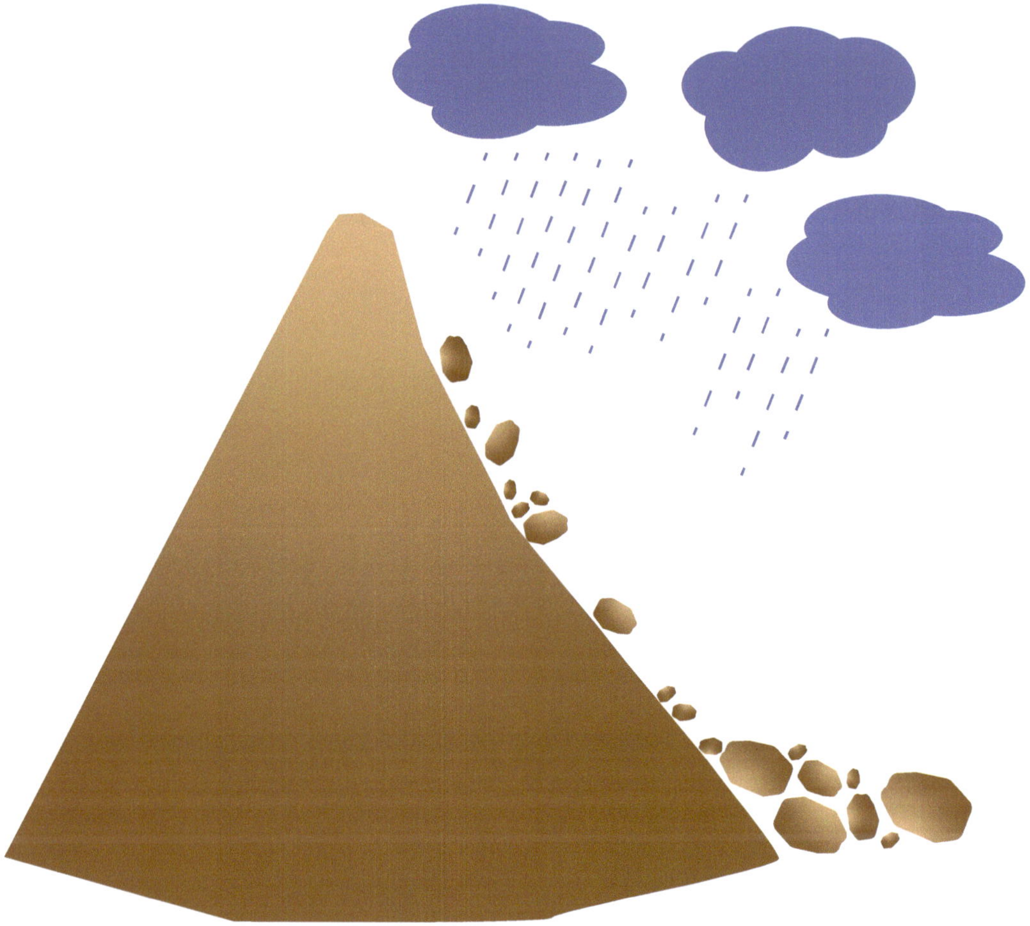

تجوية

هي عملية تفتت وتحلل الصخور

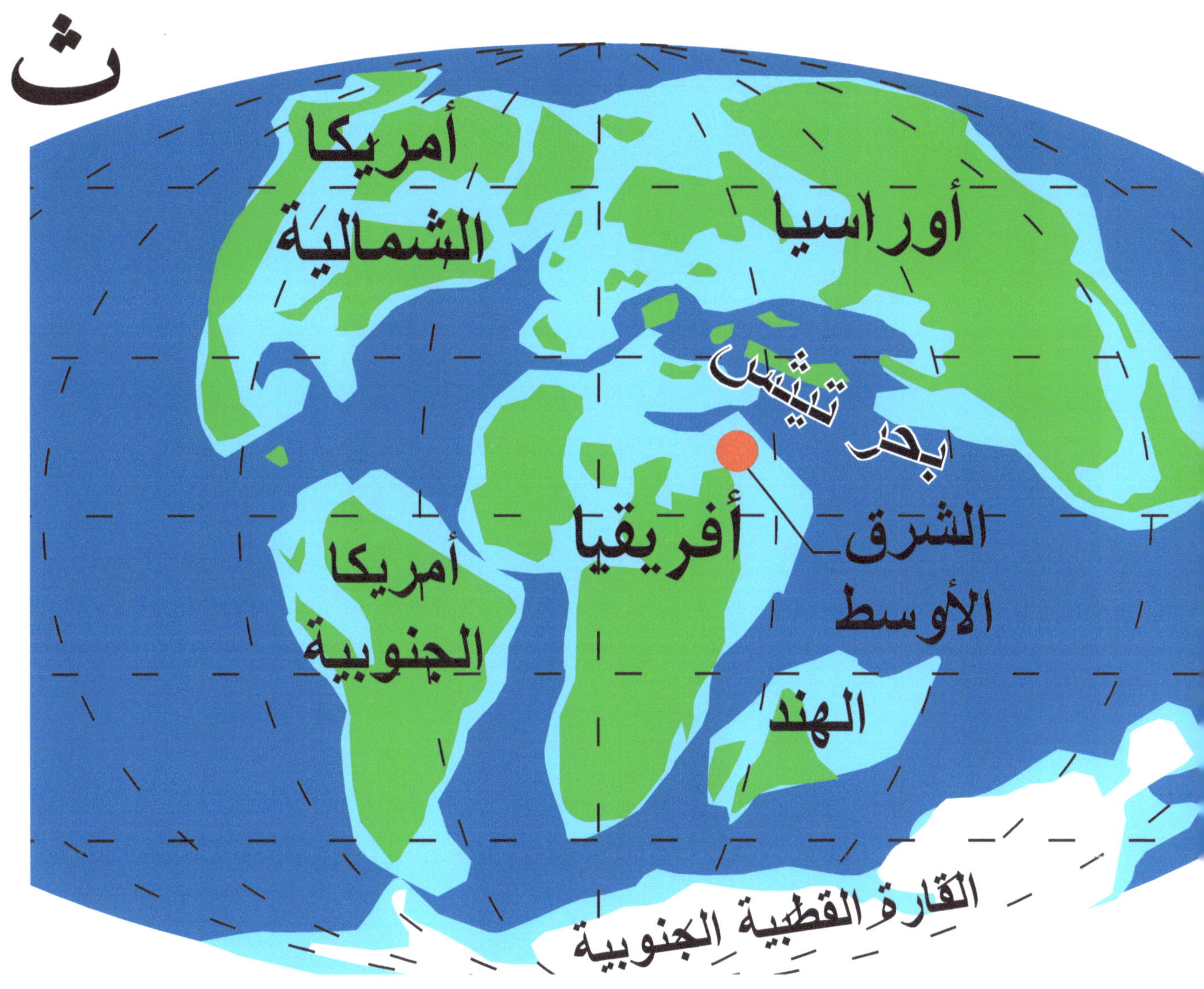

ثيتيس

محيط قديم غطى الشرق الأوسط في العصور القديمة

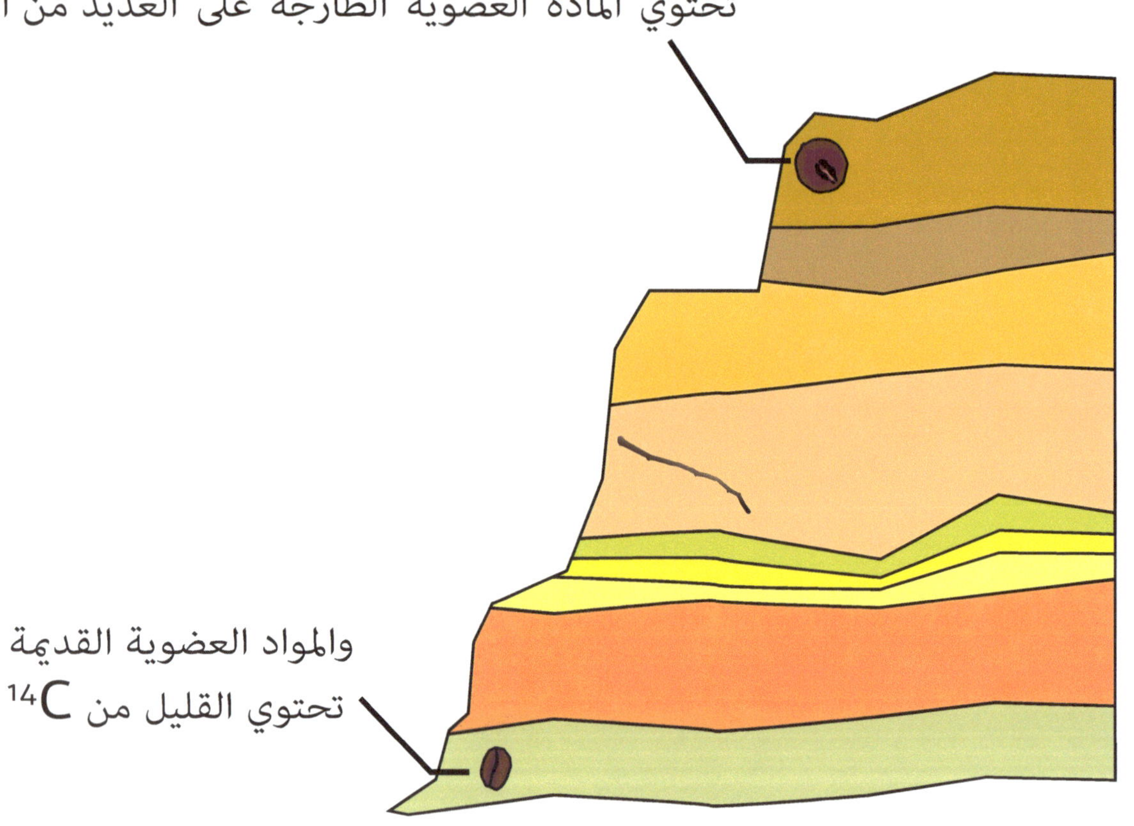

جيولوجيا تأريخية

جيولوجيا تأريخية تختص بدراسة جيل الطبقات وترتيب
صخورها ونوعها منذ أقدم العصور إلى وقتنا الحاضر

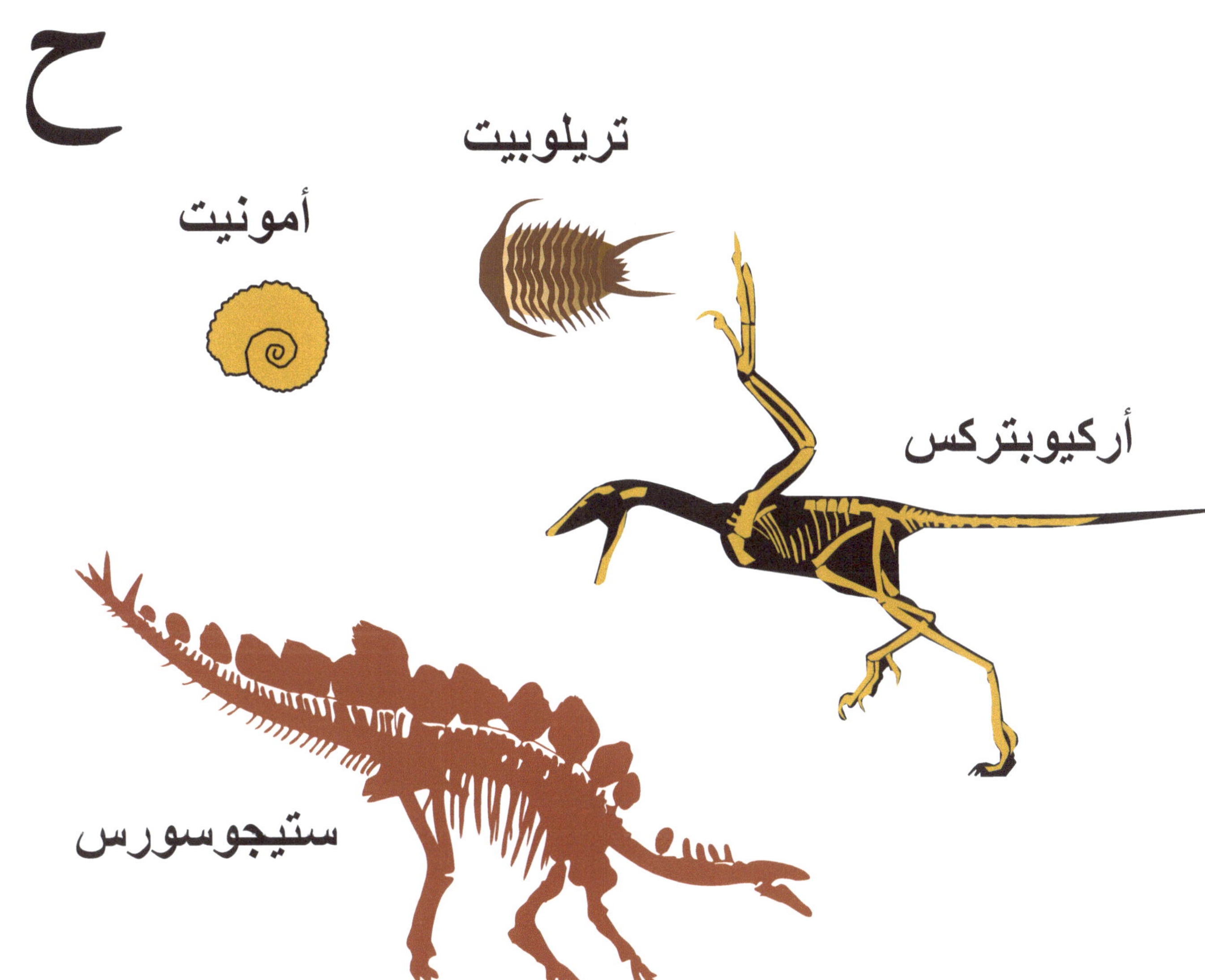

ح

علم الحفريات

هو علم دراسة الأحافير، الاصداف والعظام

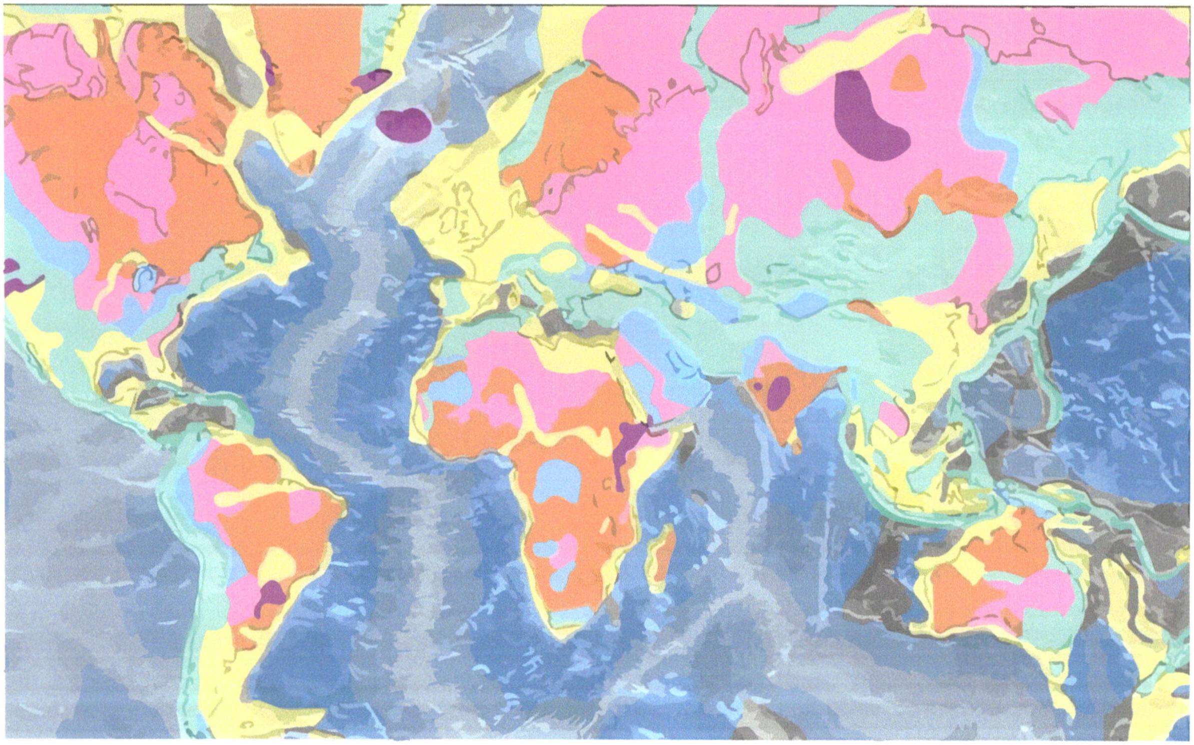

الخريطة الجيولوجية

الخريطة الجيولوجية عبارة عن خريطة ذات هدف
معين يتم عملها لإظهار السمات الجيولوجية

د

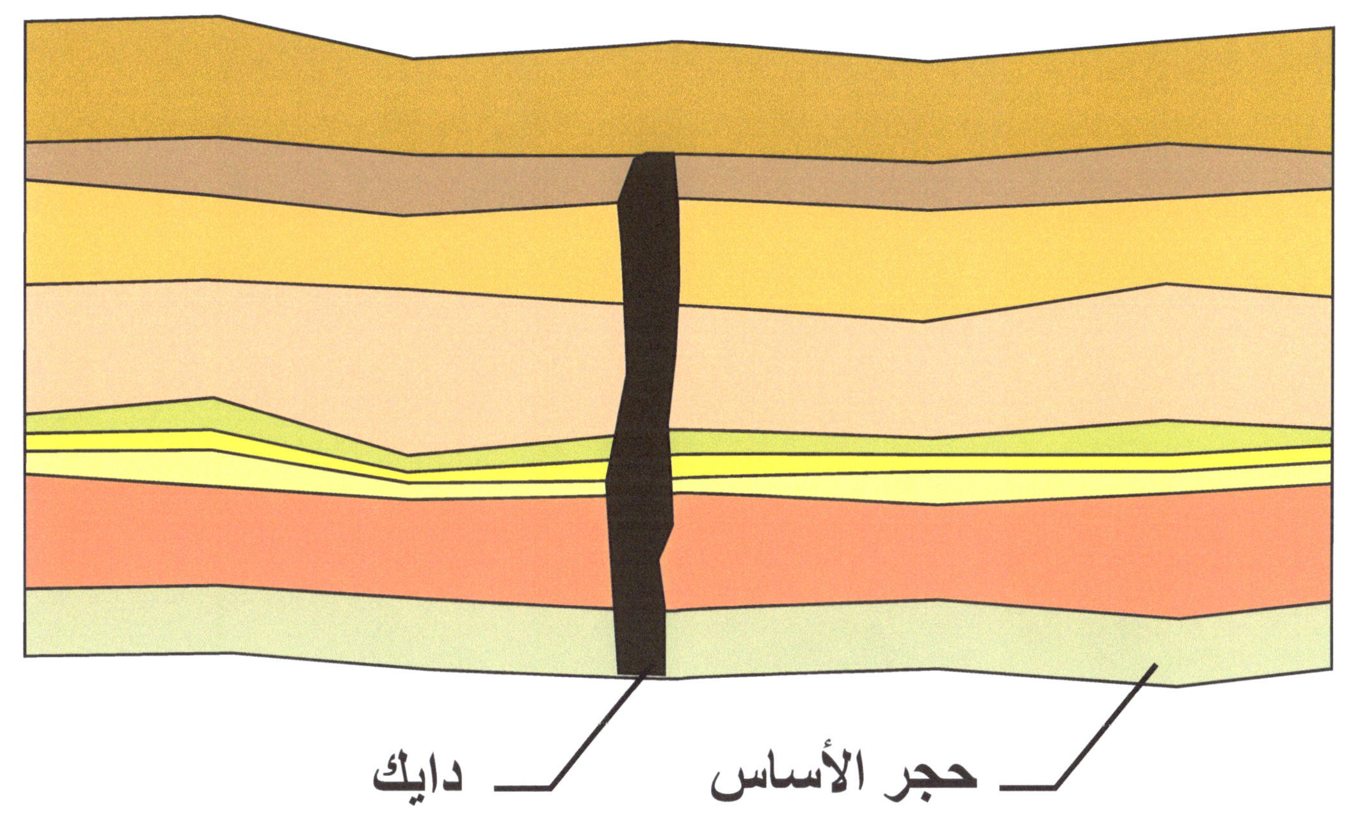

دايك

جسم صخري يتكون من تصلب الماجما
الي اخترقت طبقات الصخور

الذهب

الذهب عنصر كيميائي، استخدم منذ
العصور القديمة في المعاملات المالية

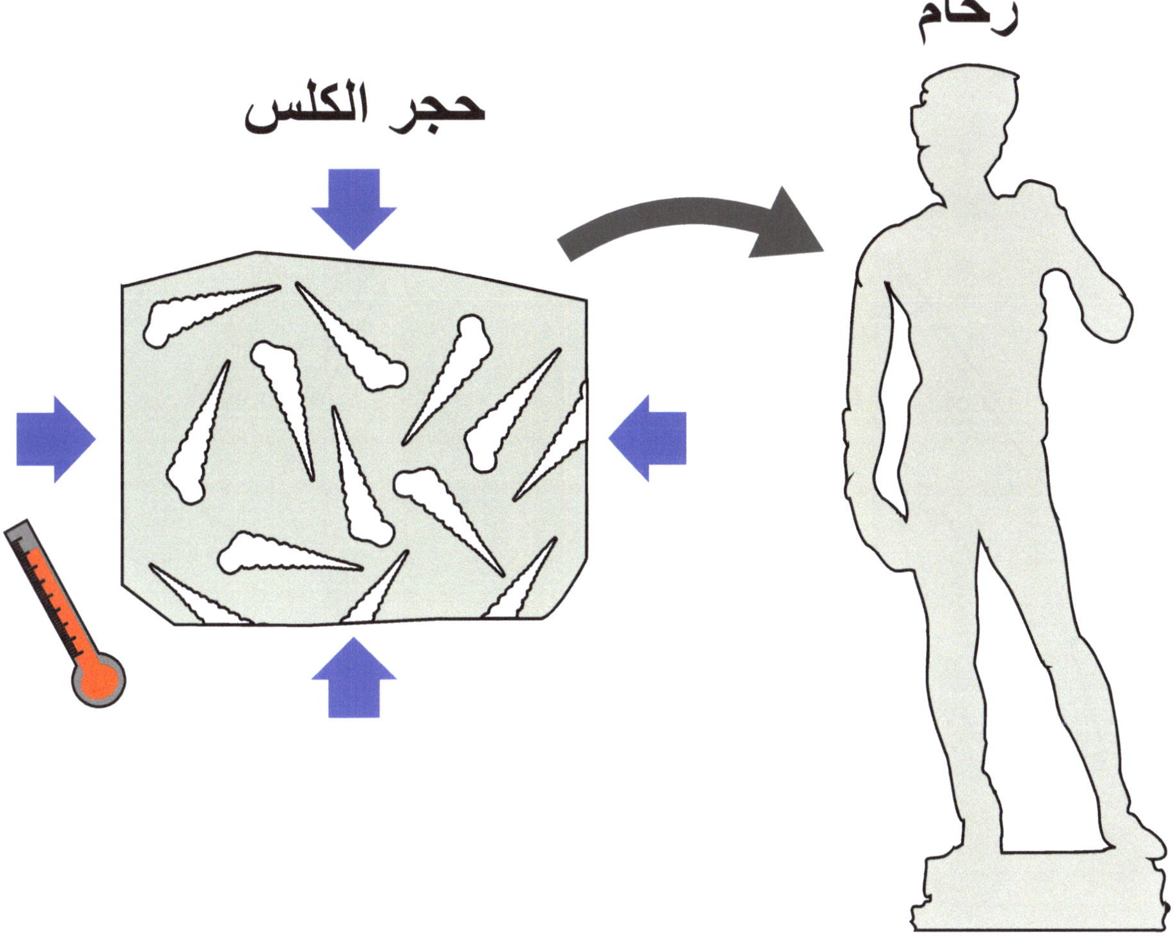

رخام

صخر متحول لامع يستخدم لصنع المنحوتات ولبناء المنازل

ز

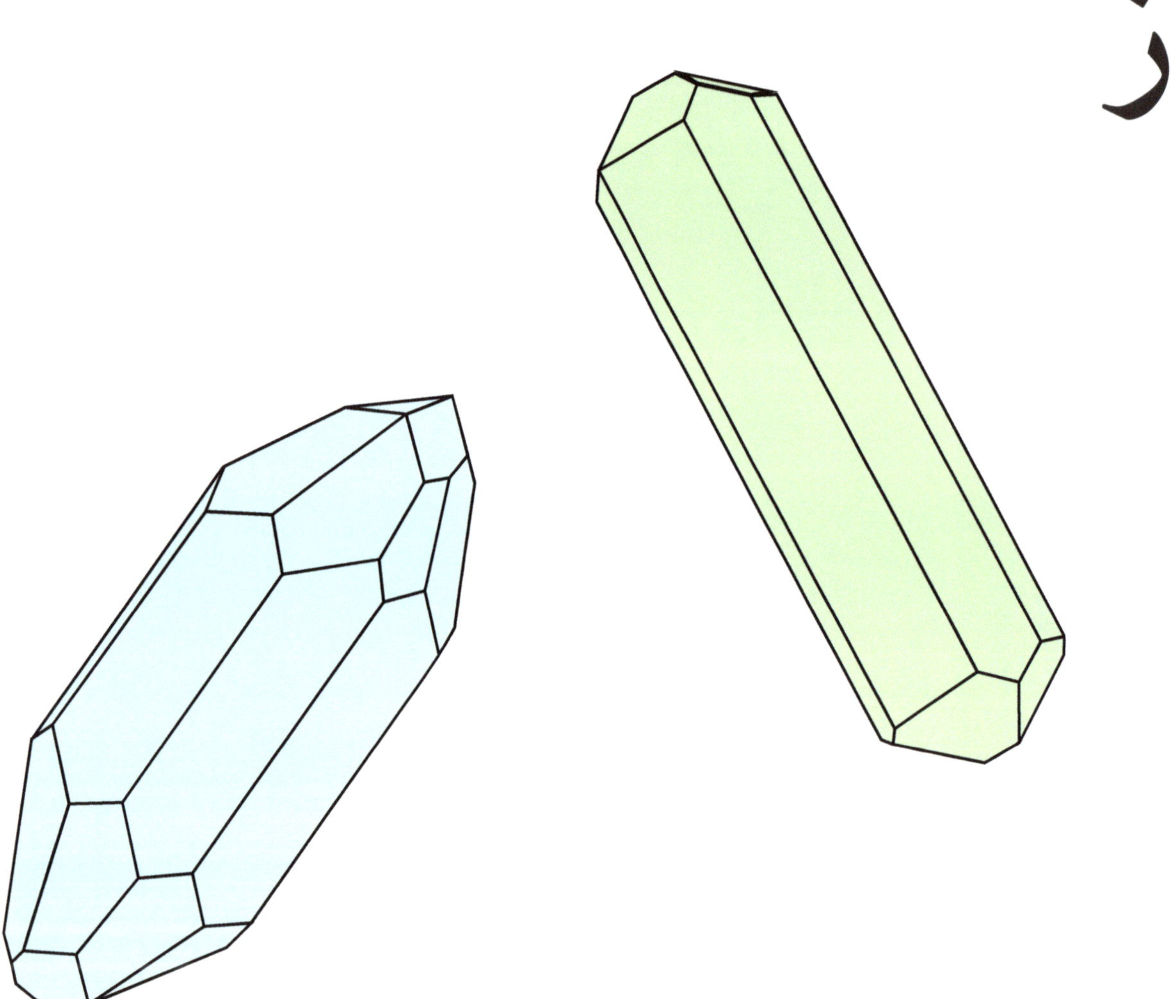

زركون

معدن صلب ومقاوم يمكن قياسه مما يساعدنا على
معرفة عمر الصخور ومن ثم عمر الكرة الارضية

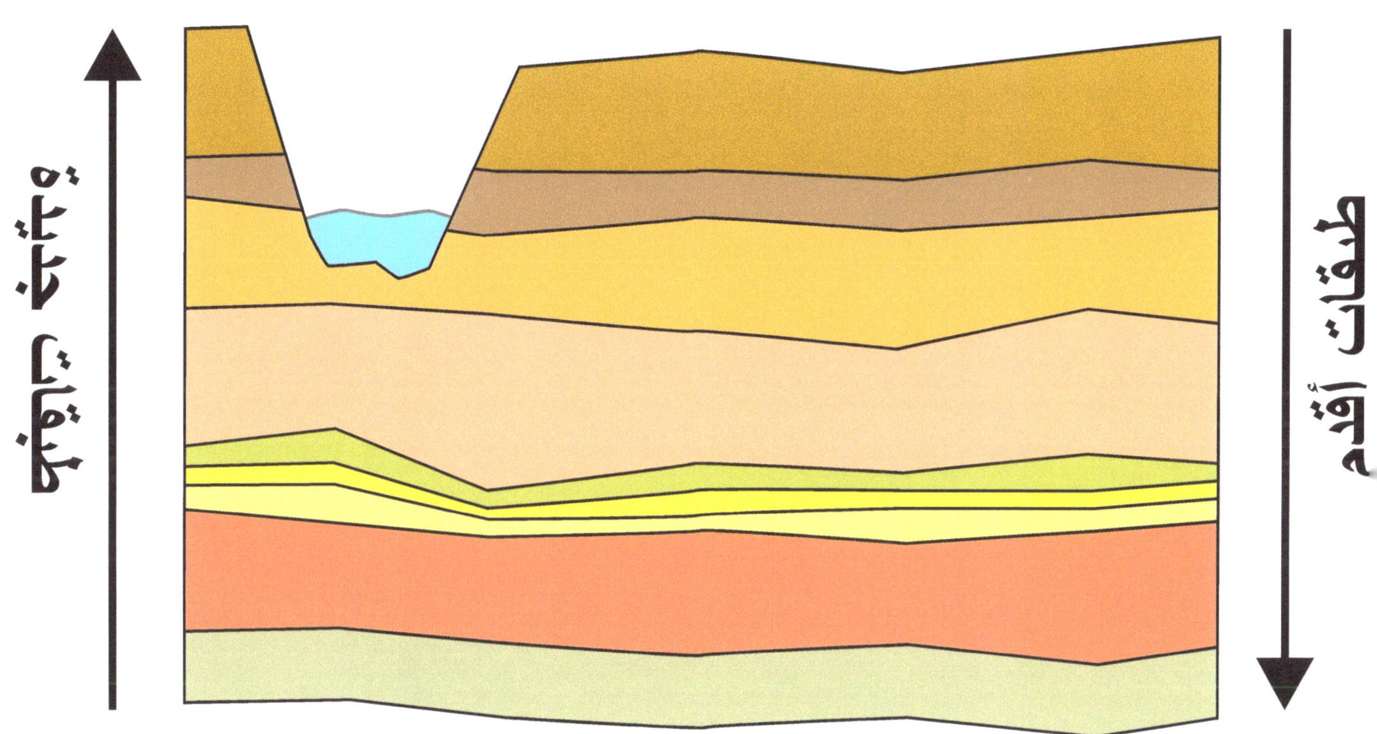

علم الستراتيغرافيا

علم وصف طبقات الأرض وفك رموز الصخرة والترتيب الذي تتراكم به

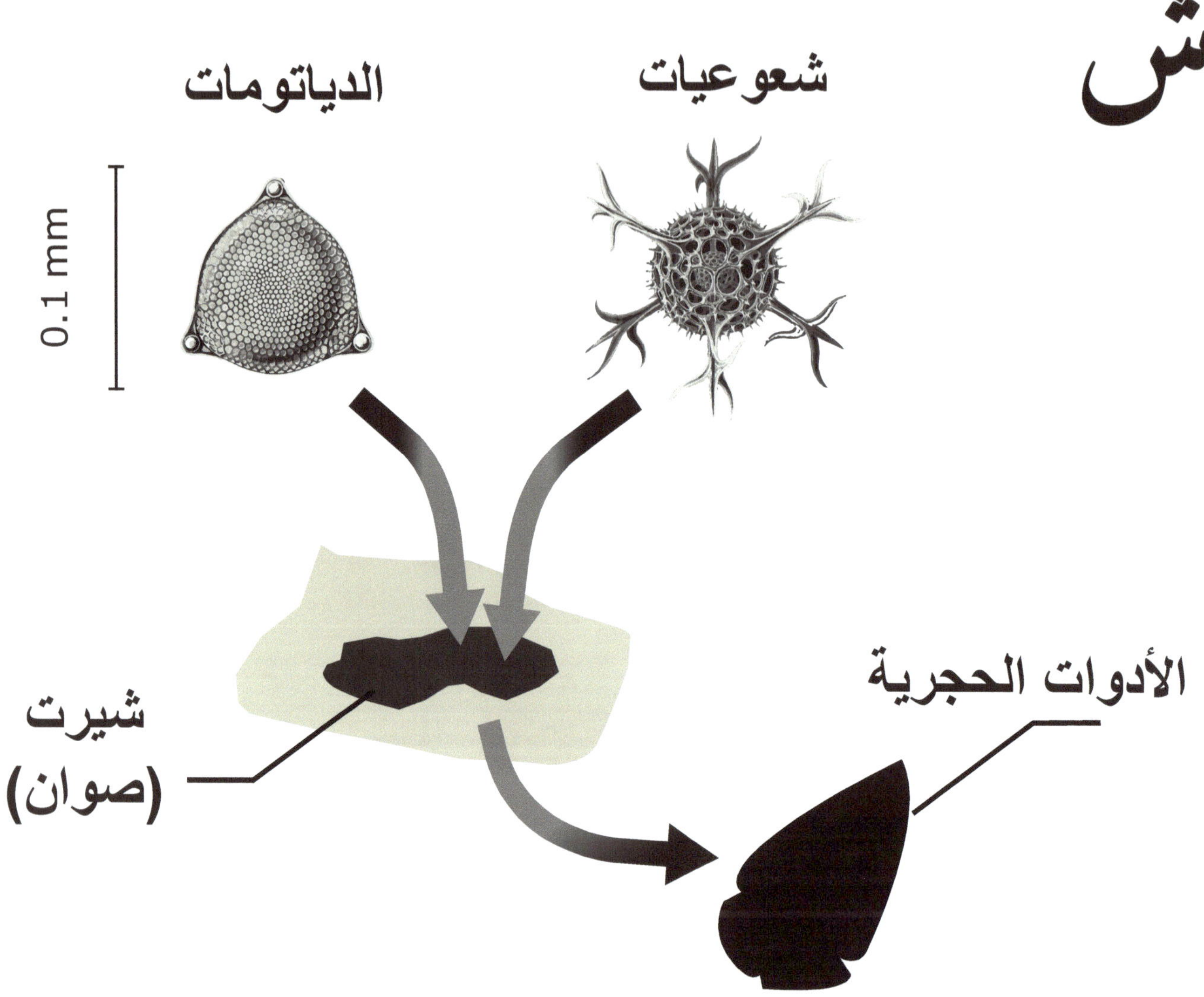

شيرت

صخرة صلبة ذات مظهر شبيه بالزجاج مصنوعة من هياكل عظمية صغيرة كانت مركبة من ذرات من السيليكا

ص

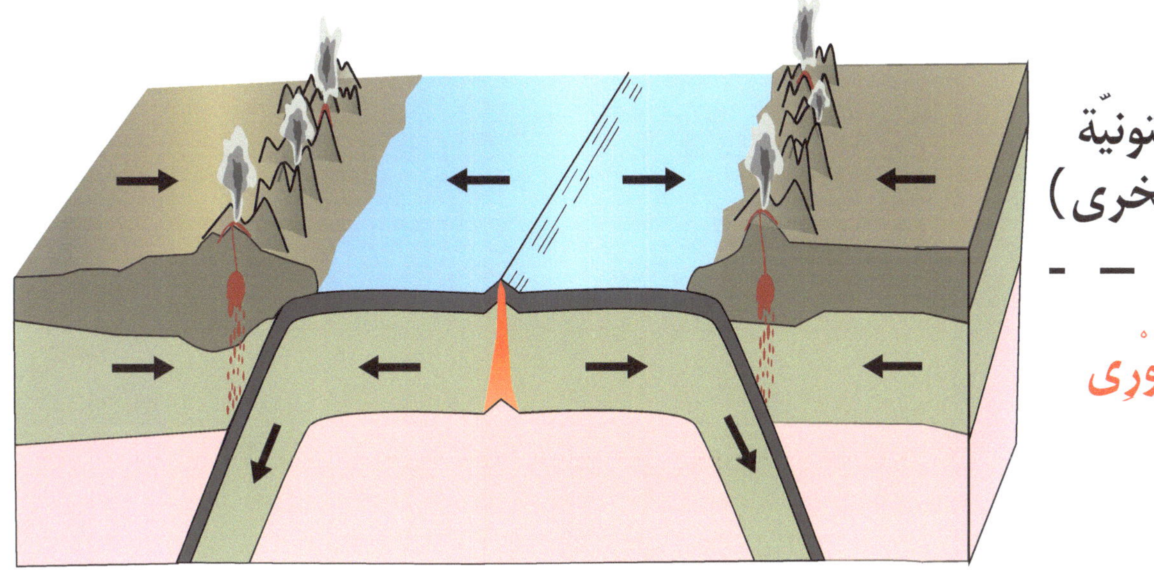

الصفائح التكتونية

وشاح صخري متصدع، تعلوه القشرة الارضيه،
وعليه تتحرك اجزاء من القارات وتتصادم مما يسبب الزلازل

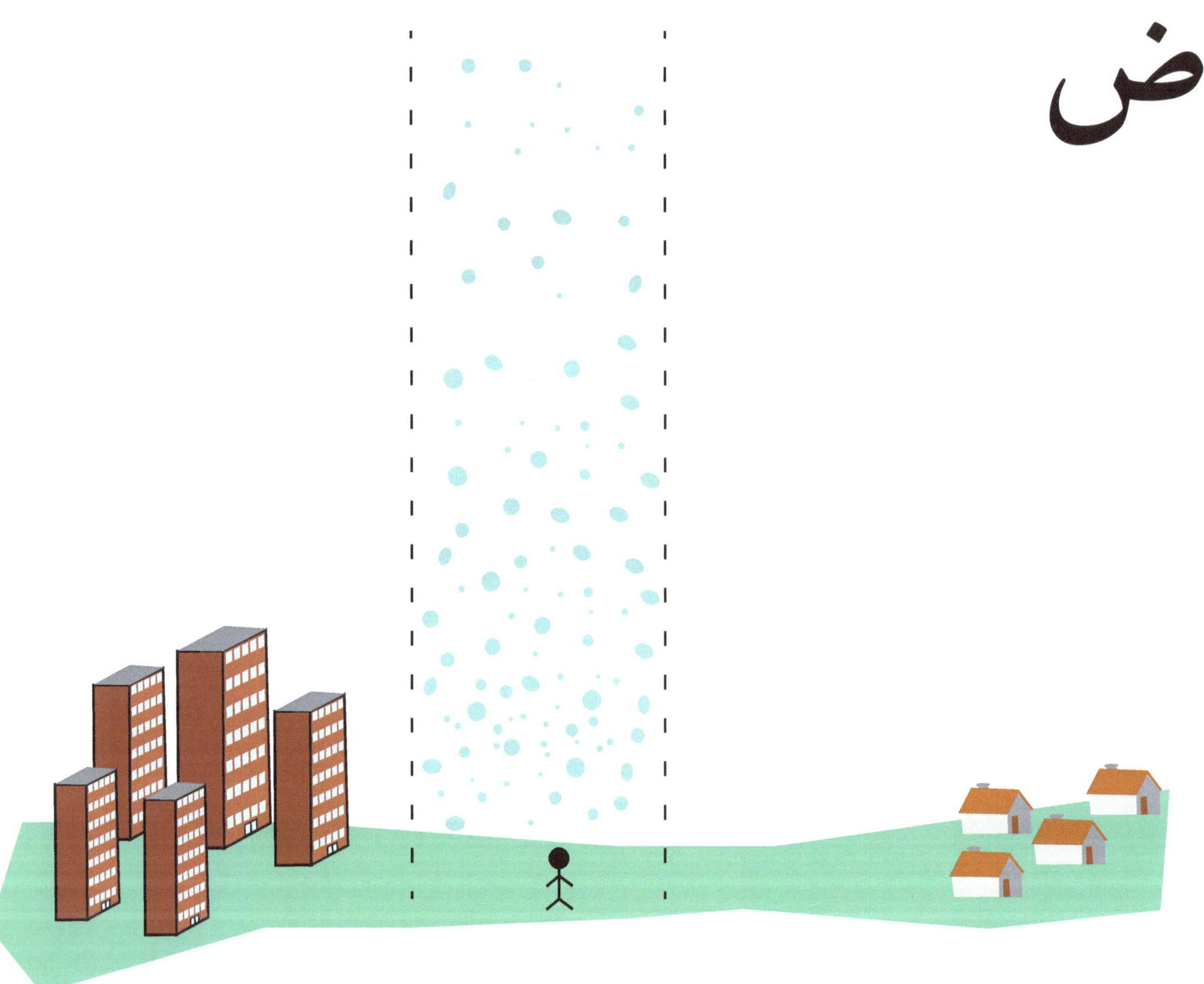

الضغط الجوي

الضغط الجوي هو وزن عمود من الهواء على
مساحة معينة وارتفاعه يعادل سُمك الغلاف الجوي

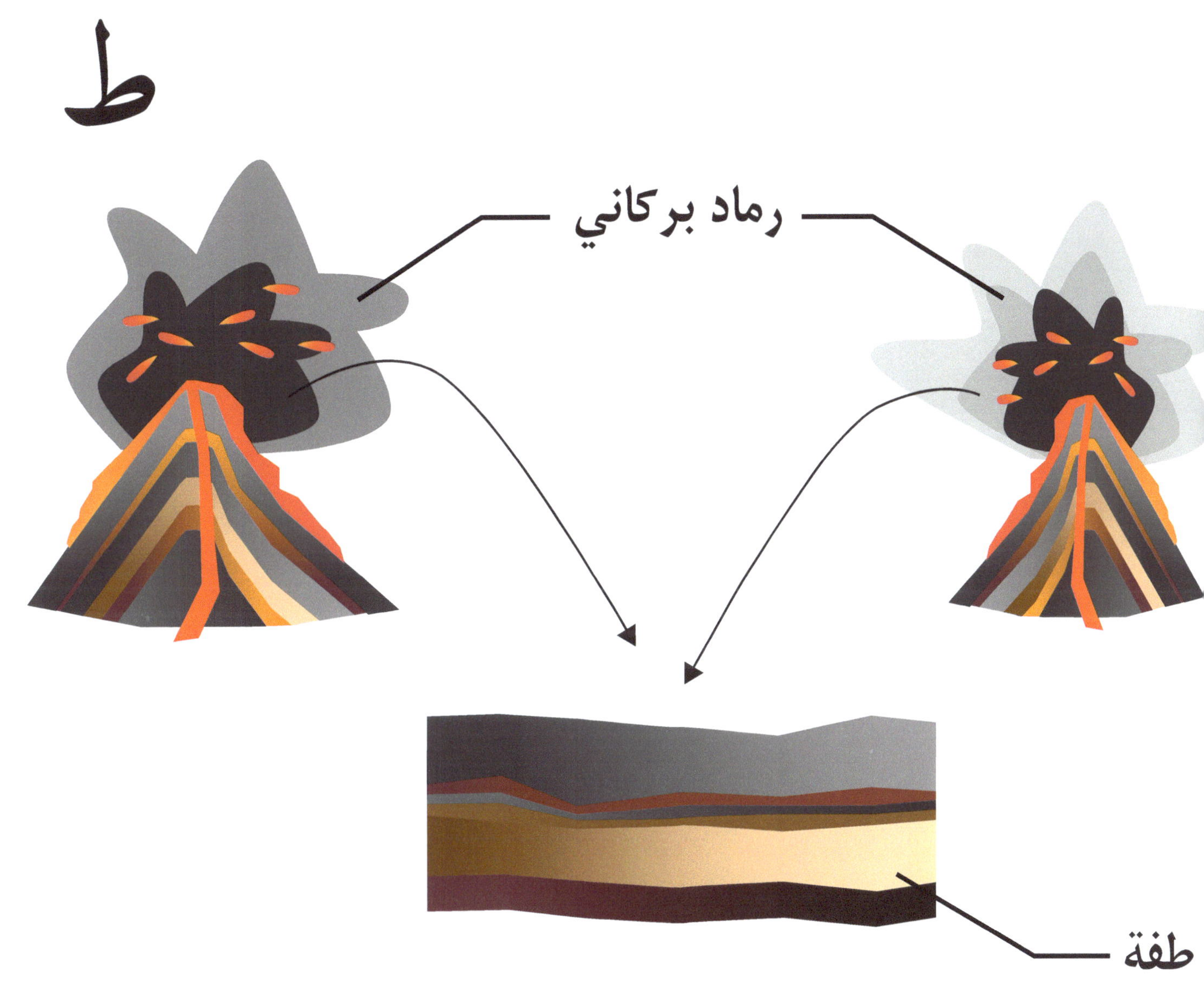

ط

طفة

رماد بركاني يترسب على الأرض بعد تطايره
في الهواء مكونا أحجارا متماسكة

ظ

ظاهرة طبيعية

العمليات والظواهر التي تحدث بشكل طبيعي، مثل الشفق القطب

ع

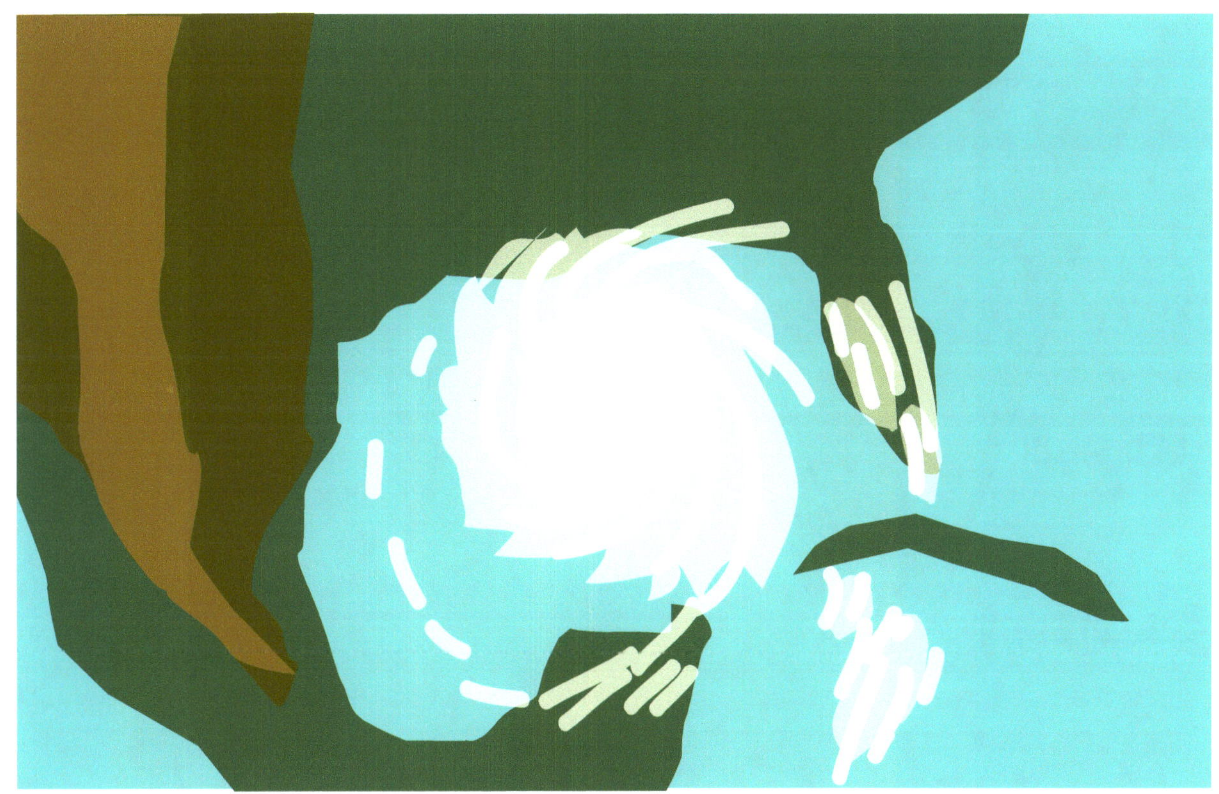

عاصفة

ظاهرة جوية ترتبط بالرياح, المطر, الثلوج أو الرمال

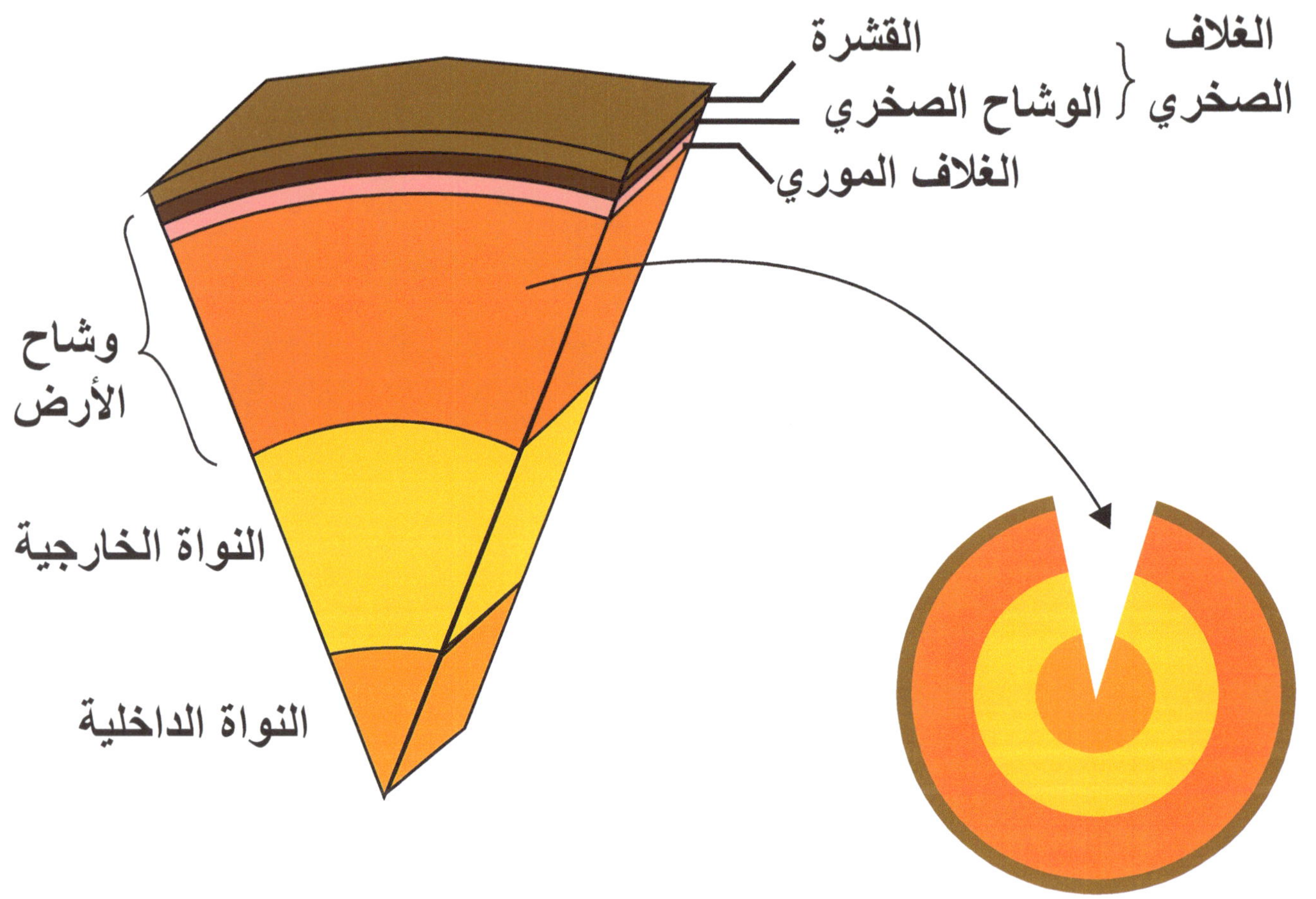

الغلاف الموري

الغلاف الموري هو أضعف طبقة في وشاح الأرض والتي تنزلق عليها القارات

ف

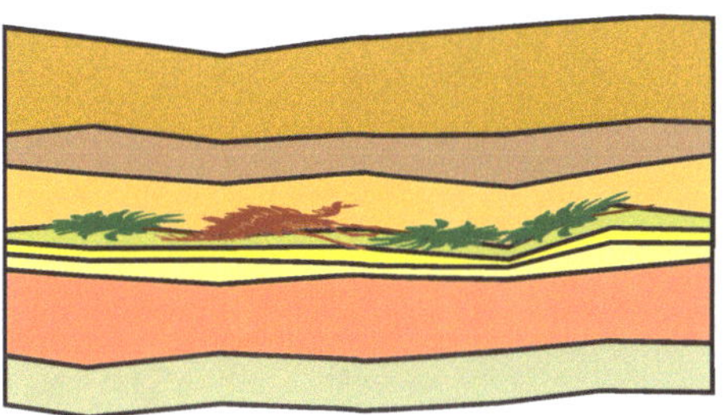

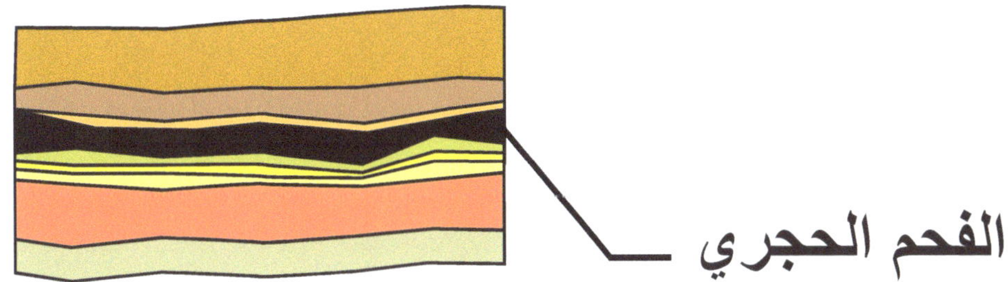

الفحم الحجري

الفحم الحجري

الفحم عبارة عن صخرة سوداء تتكون
أساسًا من الكربون المستخدم في الاحتراق

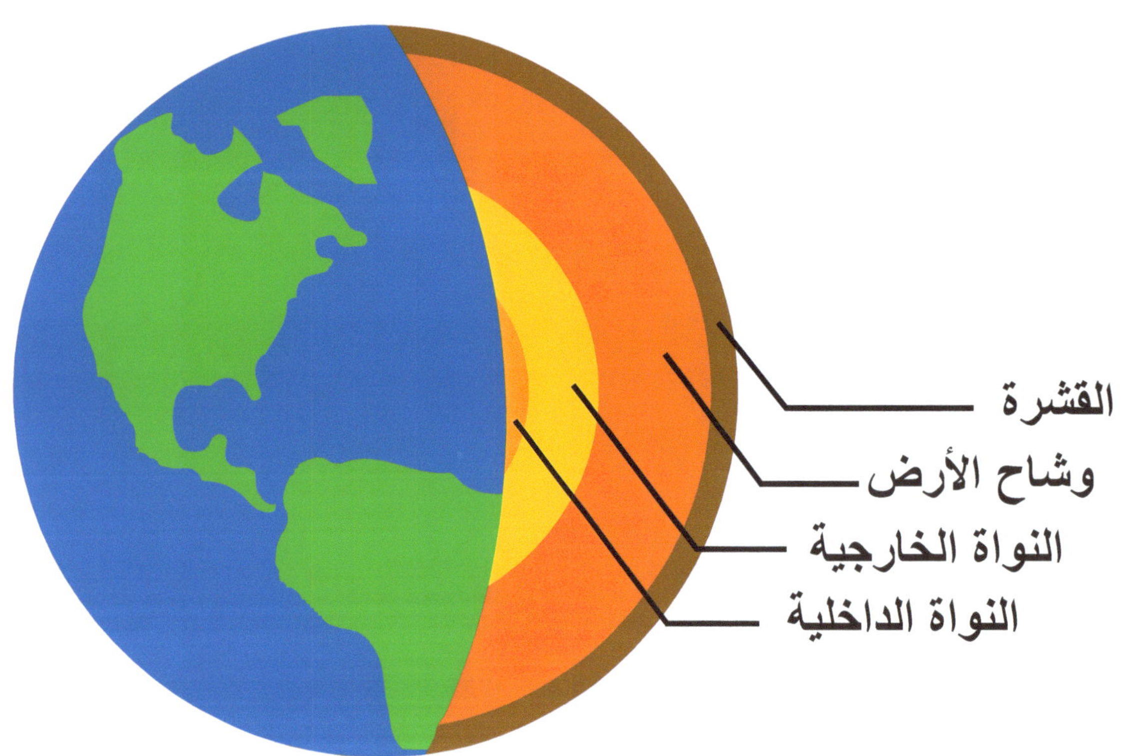

القشرة الأرضية

قشرة الأرض هي كتلة الصخور الصلبة التي تغطيها

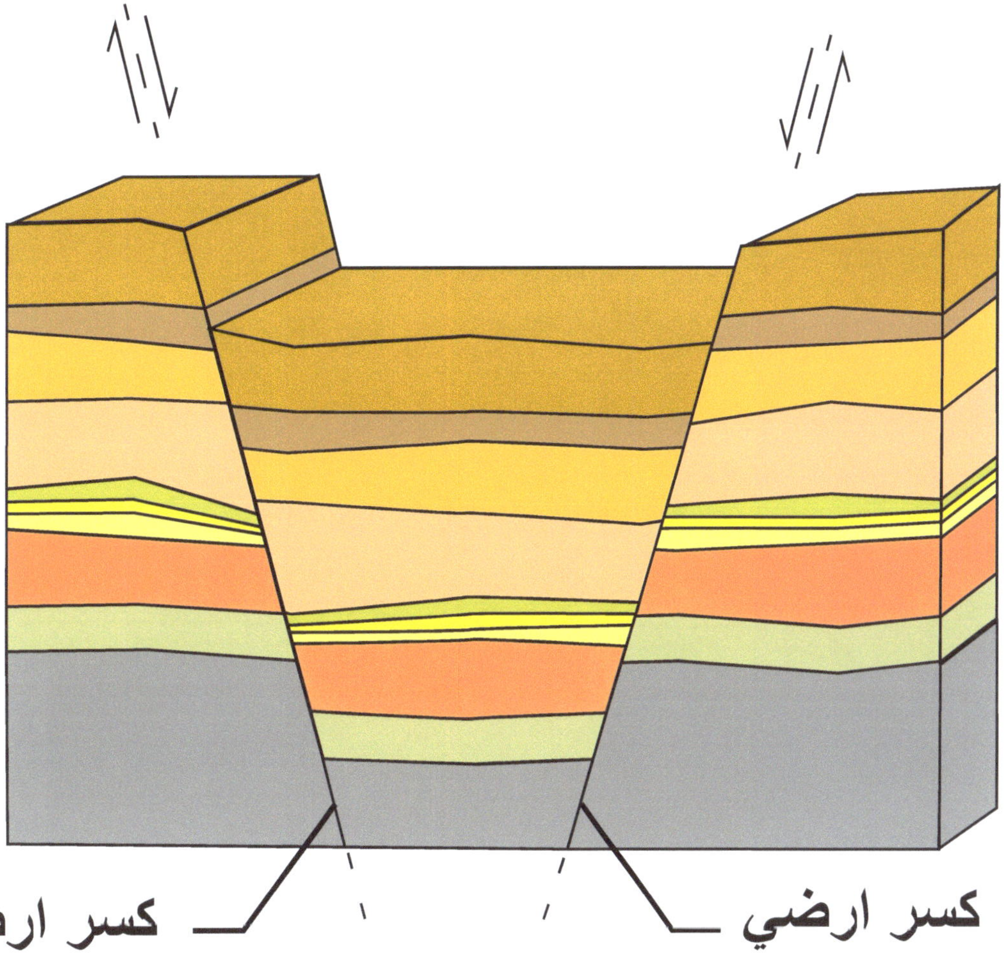

كسر ارضي

عبارة عن صدع في قشرة الارض تنزلق عليه
الطبقات الصخرية مما يسبب الهزات الارضية

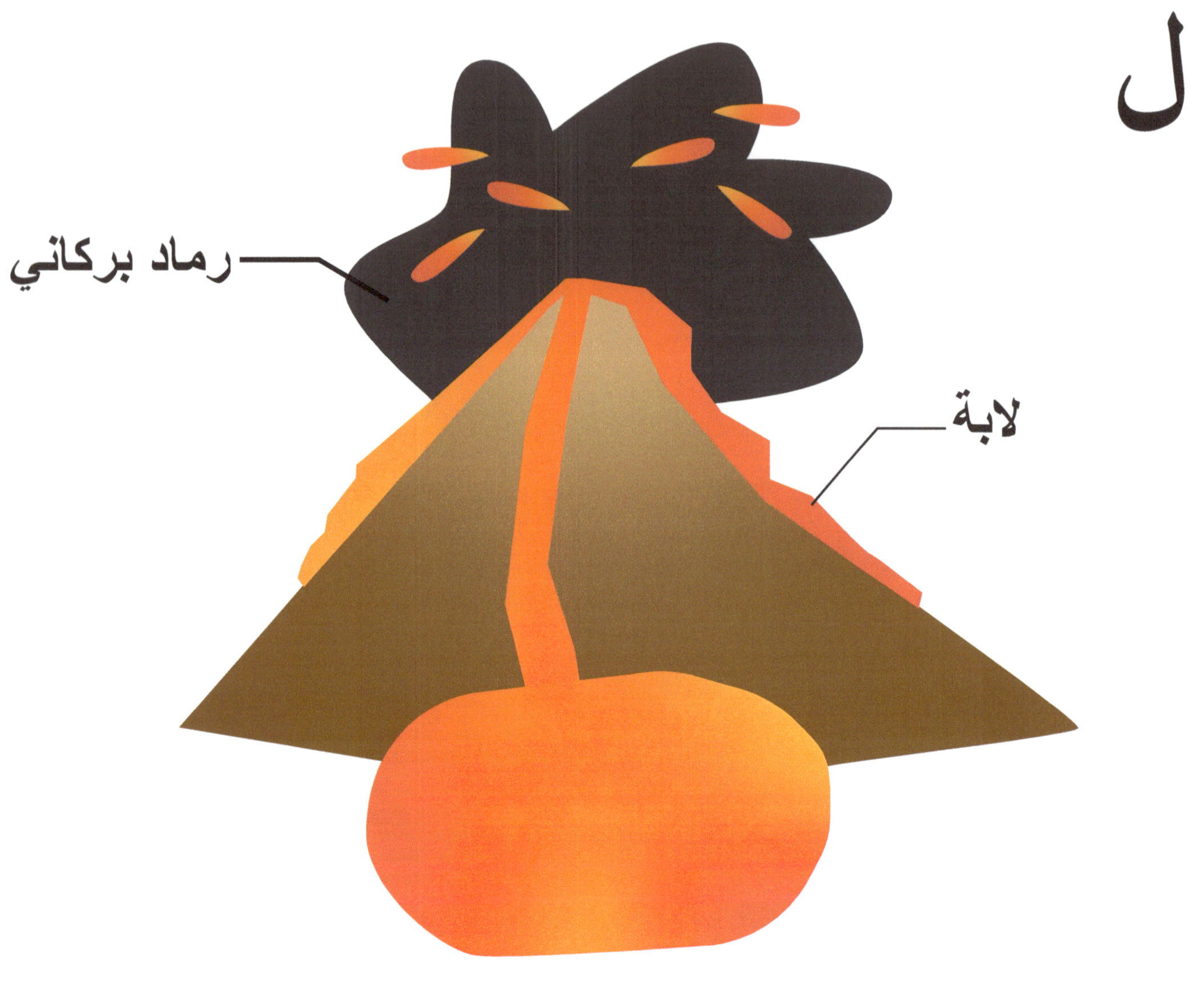

ل

لابة

حمم بركانيه سائلة ولزجة مكونة من الصخور المنصهرة

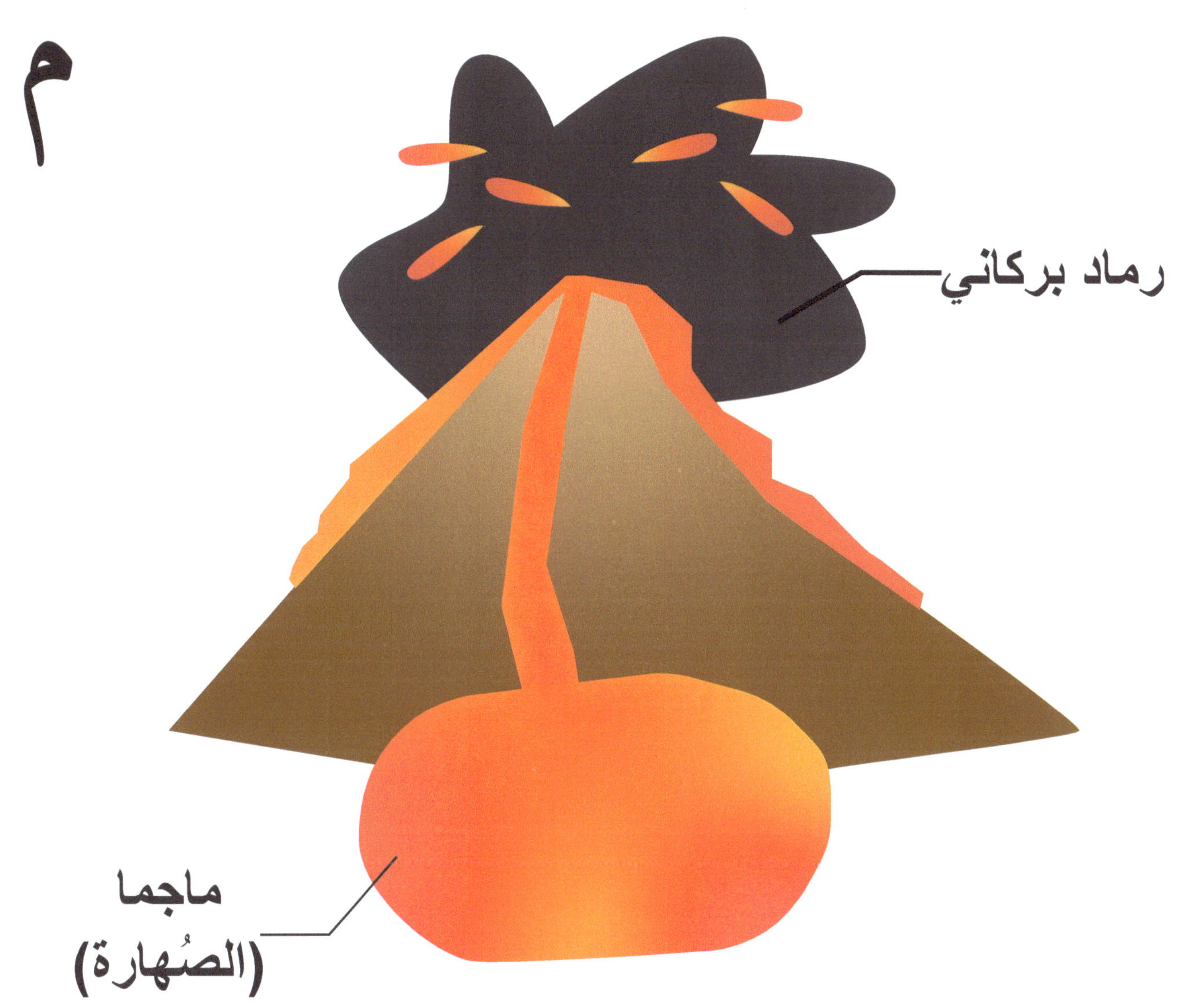

ماجما

صخور ذائبة ساخنة لم تنفجر بعد

ن

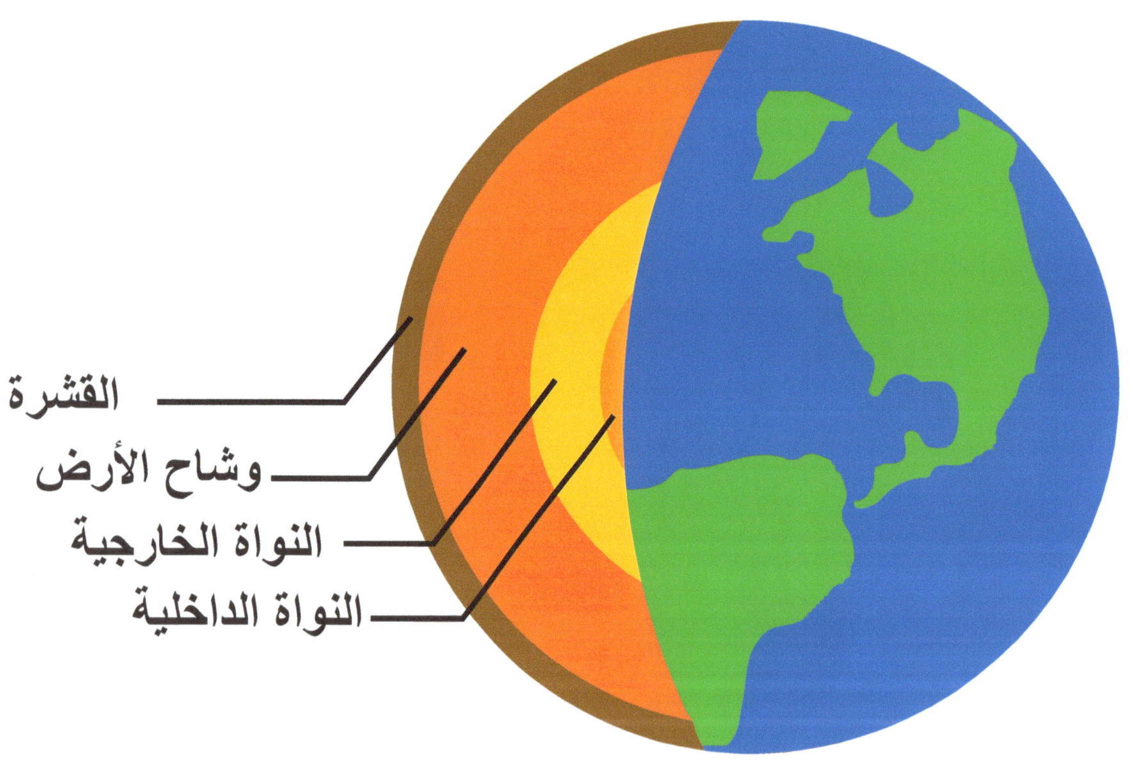

نواة الأرض

اللب الداخلي (صلب) غني في النيكل والحديد

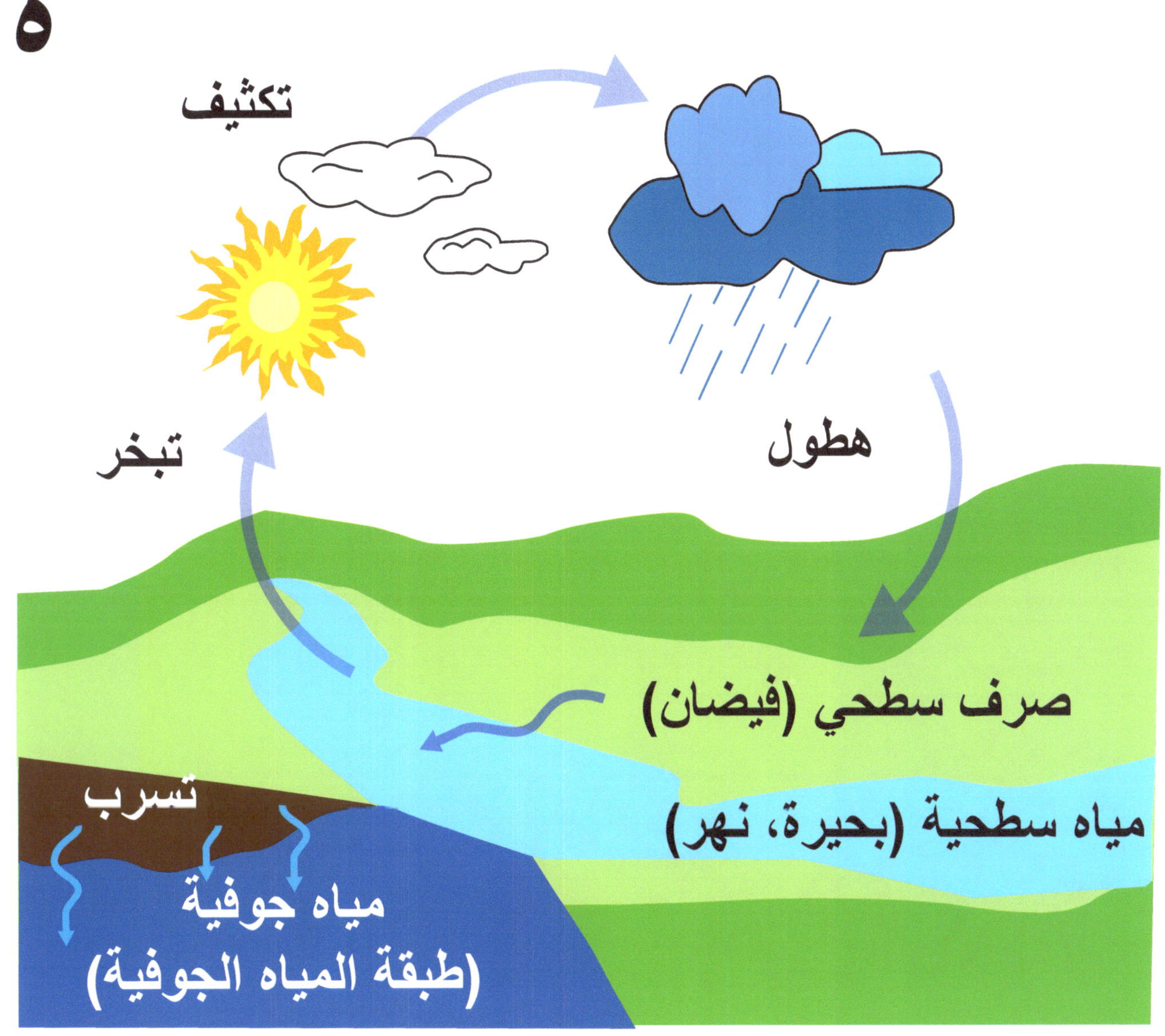

هيدرولوجيا

دراسة المياه وتوزيعها فوق الأرض

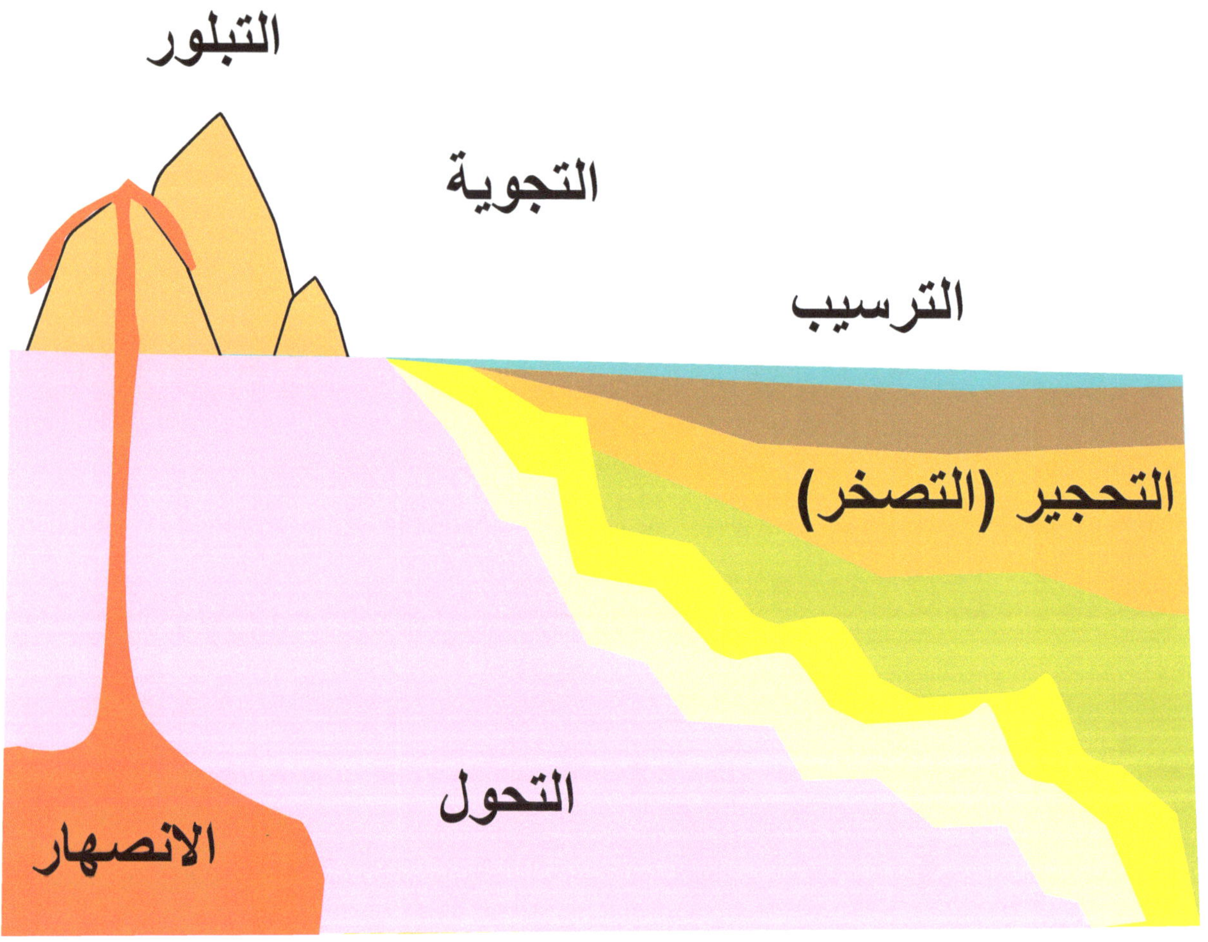

مبدأ الوتيرة الواحدة (التناسُقية)
الفكرة هي أن الحاضر هو مفتاح الماضي